Nossa Senhora do Rosário

Elam de Almeida Pimentel

Nossa Senhora do Rosário

Invocada para proteção nas batalhas diárias

Novena e ladainha

Petrópolis

© 2023, Editora Vozes Ltda.
Rua Frei Luís, 100
25689-900 Petrópolis, RJ
www.vozes.com.br
Brasil

1ª edição, 2013.
1ª reimpressão, 2025.

Todos os direitos reservados. Nenhuma parte desta obra poderá ser reproduzida ou transmitida por qualquer forma e/ou quaisquer meios (eletrônico ou mecânico, incluindo fotocópia e gravação) ou arquivada em qualquer sistema ou banco de dados sem permissão escrita da editora.

CONSELHO EDITORIAL

Diretor
Volney J. Berkenbrock

Editores
Aline dos Santos Carneiro
Edrian Josué Pasini
Marilac Loraine Oleniki
Welder Lancieri Marchini

Conselheiros
Elói Dionísio Piva
Francisco Morás
Teobaldo Heidemann
Thiago Alexandre Hayakawa

Secretário executivo
Leonardo A.R.T. dos Santos

PRODUÇÃO EDITORIAL

Anna Catharina Miranda
Eric Parrot
Jailson Scota
Marcelo Telles
Mirela de Oliveira
Natália França
Priscilla A.F. Alves
Rafael de Oliveira
Samuel Rezende
Verônica M. Guedes

Editoração: Andréa Dornellas Moreira de Carvalho
Diagramação: Sheilandre Desenv. Gráfico
Capa: Omar Santos

ISBN 978-85-326-4587-6

Este livro foi composto e impresso pela Editora Vozes Ltda.

Sumário

1 Apresentação, 6

2 História da devoção a Nossa Senhora do Rosário, 7

3 Novena de Nossa Senhora do Rosário, 10
    1º dia, 10
    2º dia, 11
    3º dia, 13
    4º dia, 14
    5º dia, 16
    6º dia, 17
    7º dia, 19
    8º dia, 20
    9º dia, 21

4 Oração a Nossa Senhora do Rosário, 24

5 Ladainha de Nossa Senhora do Rosário, 25

6 Rezando o terço, 28

Apresentação

A data comemorativa de Nossa Senhora do Rosário é 7 de outubro. A festa foi instituída em 1571 pelo Papa Pio V, recordando a vitória dos cristãos na batalha de Lepanto, graças à oração do rosário.

No Brasil, a devoção a Nossa Senhora do Rosário foi trazida pelos missionários e logo se espalhou, principalmente entre os escravos vindos da África, que, não sabendo ler, encontraram no Pai-nosso e na Ave-Maria do rosário uma maneira simples de se relacionarem com o divino. Nossa Senhora do Rosário é lembrada nos momentos de desespero, luta e grandes decisões.

Este livrinho contém a tradição de Nossa Senhora do Rosário, sua novena e ladainha. Durante a novena, os devotos refletirão sobre breves passagens do Evangelho, seguidas de uma oração para o pedido da graça especial, acompanhada de um Pai-nosso, dez Ave-Marias, um Glória-ao-Pai e uma Salve-Rainha.

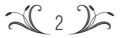

História da devoção a Nossa Senhora do Rosário

A origem da devoção a Nossa Senhora do Rosário é muito antiga, mas sua propagação foi grande com São Domingos de Gusmão. O Cônego Domingos de Gusmão foi encarregado pelo Papa Inocêncio III de combater a heresia dos Albigenses que queimavam as igrejas, profanavam as imagens dos santos e perseguiam os católicos.

Segundo a tradição, São Domingos passava as noites rezando, implorando o auxílio de Deus. Um dia apareceu-lhe sobre uma nuvem luminosa a Virgem Maria e ensinou-lhe um método de oração. Surgiu assim a devoção ao rosário e, por inspiração da Virgem Maria, São Domingos fez do rosário a sua poderosa arma para combater a heresia dos Albigenses.

São Domingos fundou a Ordem dos Irmãos Pregadores ou Dominicanos e muito propagou o rosário, tornando-se conhecido como o "Apóstolo do Rosário". A consagração definitiva do rosário foi por ocasião da vitória da Cristandade em 1571 na batalha naval, onde os cristãos lutavam contra os turcos em Lepanto. Os cristãos em Roma rezavam a oração ensinada pela Virgem Maria. Pio V, para imortalizar a vitória dos cristãos, instituiu a Festa de Nossa Senhora das Vitórias, cujo nome foi mudado para Nossa Senhora do Rosário pelo seu sucessor, Gregório XIII, que reconheceu no rosário a arma da vitória.

No Brasil, a devoção ao Santo Rosário foi trazida pelos missionários e muito se espalhou. Na época de escravidão, os escravos usavam o rosário pendurado ao pescoço e, após o trabalho, reuniam-se em torno de um "tirador de reza" para rezarem.

A devoção a Nossa Senhora do Rosário atravessou os séculos sempre com o empenho da Igreja em difundir o rosário. Nossa Senhora do Rosário é retratada geralmente sentada, com o divino Filho sobre seu joelho esquerdo, segurando um rosário com a mão direita. Algumas imagens representam a Virgem dando o rosário a São Domingos e, em outras, além de São Domingos, aparece ainda Santa Catarina de Sena recebendo o rosário do Menino Jesus. Nossa Senhora do Rosário é comemorada em 7 de outubro.

Novena de Nossa Senhora do Rosário

1º dia

Iniciemos com fé este primeiro dia de nossa novena, invocando a presença da Santíssima Trindade: em nome do Pai, do Filho e do Espírito Santo. Amém.

Leitura do Evangelho: Lc 11,27-28

Enquanto assim falava, uma mulher levantou a voz do meio da multidão e lhe disse: "Feliz o ventre que te trouxe e os seios que te amamentaram!" Mas Jesus respondeu: "Mais felizes são os que ouvem a Palavra de Deus e a põem em prática".

Reflexão

Seremos felizes por sermos ouvintes e praticantes da Palavra de Deus, por meio dos nossos dons pessoais ou de oportunidades para ajudar o próximo. Com nossa consciência tranquila, plantando só coisas boas na mente e no coração, seremos felizes com a graça de Deus.

Oração

Nossa Senhora do Rosário; Ave, cheia de alegria e graça. O Senhor é convosco. Bendito somos nós quando envolvidos com a prática da Palavra. Concedei-me por vossa intercessão a graça que vos peço... [mencionar a graça a ser alcançada].

Pai-nosso.

Ave-Maria (dez vezes).

Gória-ao-Pai.

Salve-Rainha.

Nossa Senhora do Rosário, intercedei por nós.

2º dia

Iniciemos com fé este segundo dia de nossa novena, invocando a presença da Santíssima Trindade: em nome do Pai, do Filho e do Espírito Santo. Amém.

Leitura do Evangelho: Jo 19,25-27

Junto à cruz de Jesus estavam de pé sua mãe, a irmã de sua mãe, Maria de Cléofas e Maria Madalena. Vendo a mãe e, perto dela, o discípulo a quem amava, Jesus disse para a mãe: "Mulher, aí está o teu filho". Depois disse para o discípulo: "Aí está a tua mãe". E desde aquela hora o discípulo tomou-a sob seus cuidados.

Reflexão

Maria foi constituída nossa mãe ao pé da cruz e assim acolhamos a Virgem Santa como nossa mãe e com ela fiquemos firmes na fé, na hora de alguma provação. Oremos a Nossa Senhora pedindo sua maternal proteção.

Oração

Nossa Senhora do Rosário, vós que fostes constituída nossa mãe ao pé da cruz, recebei o meu pedido por... [dizer a graça que deseja alcançar]. Rogai por mim, Nossa Senhora do Rosário, para que eu consiga superar as dificuldades e para que eu não me deixe ser dominada(o) por sentimentos negativos.

Pai-nosso.

Ave-Maria (dez vezes).

Glória-ao-Pai.

Salve-Rainha.

Nossa Senhora do Rosário, intercedei por nós.

3º dia

Iniciemos com fé este terceiro dia de nossa novena, invocando a presença da Santíssima Trindade: em nome do Pai, do Filho e do Espírito Santo. Amém.

Leitura bíblica: At 1,14

> Todos permaneciam unânimes na oração com algumas mulheres, Maria, a mãe de Jesus, e seus irmãos.

Reflexão

Maria, mãe de Jesus, ora com os apóstolos na chegada do Espírito Santo e assim ela acompanha com a sua presença e com a sua intervenção a vida de todos nós.

Oração

Nossa Senhora do Rosário, abri meu coração à ação do Espírito Santo. Inflamai em meu coração e em minha mente o desejo da espiritualização e da sabedoria. Intercedei junto ao vosso amado Filho para o alcance da graça de que tanto necessito... [dizer a graça que deseja alcançar].

Pai-nosso.

Ave-Maria (dez vezes).

Glória-ao-Pai.

Salve-Rainha.

Nossa Senhora do Rosário, intercedei por nós.

4º dia

Iniciemos com fé este quarto dia de nossa novena, invocando a presença da Santíssima Trindade: em nome do Pai, do Filho e do Espírito Santo. Amém.

Leitura do Evangelho: Lc 2,41-52

Todos os anos, na festa da Páscoa, seus pais iam a Jerusalém. Quando ele completou doze anos, subiram a Jerusalém, segundo o costume da festa. Acabados os dias de festa, quando voltaram, o Menino Jesus ficou em Jerusalém, sem que os pais o percebessem. Pensando que estivesse na caravana, andaram o caminho de um dia e o procuraram entre os parentes e conhecidos. Não o achando, voltaram a Jerusalém à procura dele. Três dias depois o encontraram no templo sentado no meio dos doutores, ouvindo e fazendo perguntas. Todos os que o escutavam maravilhavam-se de sua inteligência e de suas respostas.

Quando o viram, ficaram admirados e sua mãe lhe disse: "Filho, por que agiste assim conosco? Olha, teu pai e eu, aflitos, te procurávamos". Ele respondeu-lhes: "Por que me procuráveis? Não sabíeis que eu devia estar na casa do meu Pai?" Eles não entenderam o que lhes dizia. Depois desceu com eles e foi para Nazaré, e lhes era submisso. Sua mãe conservava a lembrança de tudo isso no coração. Jesus crescia em sabedoria, idade e graça diante de Deus e das pessoas.

Reflexão

Maria procurou no silêncio aceitar os planos de Deus, a respeitar o destino de Jesus. Ela estava voltada para seu filho Jesus e também para a Boa-nova que Ele trazia. Todas as vezes que quisermos tomar posse da vida das pessoas, querendo que façam a nossa vontade, lembremos de Maria, mãe flexível, que nos convida não só a agir responsavelmente, a repreender com moderação, mas também a ter respeito com a vida dos outros, vendo um fim positivo, por pior que sejam os problemas que estejamos enfrentando.

Oração

Nossa Senhora do Rosário, mãe amada, Vós que deixastes vestígios de sabedoria em toda a sua vida, guiai-me no bom caminho e alcançai-me a graça de que tanto necessito... [dizer a graça a ser alcançada].

Pai-nosso.

Ave-Maria (dez vezes).

Glória-ao-Pai.

Salve-Rainha.

Nossa Senhora do Rosário, intercedei por nós.

5º dia

Iniciemos com fé este quinto dia de nossa novena, invocando a presença da Santíssima Trindade: em nome do Pai, do Filho e do Espírito Santo. Amém.

Leitura bíblica: Pr 29,20

> Viste um homem precipitado no falar: espera-se mais do insensato do que dele.

Reflexão

Preferir palavras erradas no momento errado coloca muitas pessoas em sérias dificuldades. Saber como falar palavras certas e oportunas ajuda em todas as ocasiões.

Oração

Nossa Senhora do Rosário, ajudai-me a empregar palavras certas para não magoar ninguém. Socorrei-me nesta hora de aflição, alcançando-me a graça... [fazer o pedido].

Pai-nosso.

Ave-Maria (dez vezes).

Glória-ao-Pai.

Salve-Rainha.

Nossa Senhora do Rosário, intercedei por nós.

6º dia

Iniciemos com fé este sexto dia de nossa novena, invocando a presença da Santíssima Trindade: em nome do Pai, do Filho e do Espírito Santo. Amém.

Leitura do Evangelho: Mt 5,14-16

> Vós sois a luz do mundo. Não é possível esconder uma cidade situada sobre um monte; nem se acende uma lamparina para se pôr debaixo de uma vasilha, mas num candelabro, para que ilumine todos

os da casa. É assim que deve brilhar vossa luz diante das pessoas, para que vejam vossas boas obras e glorifiquem vosso Pai que está nos céus.

Reflexão

As palavras de nada valem se faltar o exemplo. Somente o exemplo é capaz de mudar o rumo da vida de alguém. Respeitar, falar bem do próximo, amar e defender a vida são práticas básicas de quem segue os ensinamentos de Jesus.

Oração

Nossa Senhora do Rosário, vós soubestes usar o exemplo em vossa caminhada. Vós sabíeis que a melhor maneira de educar era o exemplo. Ajudai-nos a sermos educadores por meio do diálogo, do exemplo e do amor. Socorrei-me neste momento difícil, alcançando-me a graça de que tanto necessito... [fazer o pedido].

Pai-nosso.

Ave-Maria (dez vezes).

Glória-ao-Pai.

Salve-Rainha.

Nossa Senhora do Rosário, intercedei por nós.

7º dia

Iniciemos com fé este sétimo dia de nossa novena, invocando a presença da Santíssima Trindade: em nome do Pai, do Filho e do Espírito Santo. Amém.

Leitura do Evangelho: Lc 1,28

> [...] Entrando onde ela estava, o anjo lhe disse: "Alegra-te, cheia de graça, o Senhor está contigo!"

Reflexão

Quando o anjo anunciou que Maria seria mãe de Deus, ele a saudou com as palavras "Ave, cheia de graça". No terço, cada Ave-Maria rezada mostra a nossa realidade perante Nossa Senhora – pecadores que muito necessitam do auxílio dela. Por isso, dizemos: "rogai por nós, pecadores".

Oração

Nossa Senhora do Rosário, mãe querida. Não nos abandoneis. Estendei sobre nós o manto de vossa proteção, agora e sempre. Fazei com que rezemos sempre o terço ou, pelo menos, algumas Ave-Marias. Peço-vos que me alcance a graça por mim desejada... [fazer o pedido].

Pai-nosso.

Ave-Maria (dez vezes).

Glória-ao-Pai.

Salve-Rainha.

Nossa Senhora do Rosário, intercedei por nós.

8º dia

Iniciemos com fé este oitavo dia de nossa novena, invocando a presença da Santíssima Trindade: em nome do Pai, do Filho e do Espírito Santo. Amém.

Leitura do Evangelho: Jo 8,11

[...] Jesus lhe disse: "Nem eu te condeno. Vai e, de agora em diante, não peques".

Reflexão

Jesus perdoou Maria Madalena, Pedro e também o bom ladrão. Ele sempre perdoou todos que se mostraram arrependidos. E Maria perdoou também os que condenaram e mataram seu Filho Jesus. O Evangelista João nos faz pensar na misericórdia de Jesus com todos nós.

Oração

Nossa Senhora do Rosário, Vós que, em vossas aparições, recomendastes que vossos devotos rezassem o terço para a ajuda de todas as aflições e males da mente e do corpo, colocai em nossa consciência a necessidade de rezarmos o terço com uma fé verdadeira em vós, na certeza de que muitos dos nossos problemas serão resolvidos.

Nossa Senhora do Rosário, peço vossa intercessão na graça de que necessito... [fazer o pedido].

Pai-nosso.

Ave-Maria (dez vezes).

Glória-ao-Pai.

Salve-Rainha.

Nossa Senhora do Rosário, intercedei por nós.

9º dia

Iniciemos com fé este nono dia de nossa novena, invocando a presença da Santíssima Trindade: em nome do Pai, do Filho e do Espírito Santo. Amém.

Leitura do Evangelho: Lc 1,39-45

Naqueles dias, Maria se pôs a caminho e foi apressadamente às montanhas para uma cidade de Judá. Entrou na casa de Zacarias e saudou Isabel. Aconteceu que, mal Isabel ouviu a saudação de Maria, a criança saltou em seu ventre e Isabel, cheia do Espírito Santo, exclamou em voz alta: "Bendita és tu entre as mulheres e bendito é o fruto do teu ventre! Donde me vem a honra que a mãe do meu Senhor venha a mim? Pois quando soou em meus ouvidos a voz de tua saudação, a criança saltou de alegria em meu ventre. Feliz é aquela que teve fé no cumprimento do que lhe foi dito da parte do Senhor".

Reflexão

Esse trecho do Evangelho de Lucas nos mostra como Maria se prontificou a aceitar a proposta divina e como também se prontificou a servir ao próximo. Sabendo que Isabel poderia precisar dela, foi à sua casa, e João Batista, ainda no ventre de Isabel, reconhece Maria como mãe do Messias pela exclamação de Isabel: "Bendita és tu entre as mulheres e bendito é o fruto do vosso ventre!"

Oração

Nossa Senhora do Rosário, ajudai-nos a estender a mão aos necessitados. Que estejamos sempre prontos a servir a quem precisa ou simplesmente a ajudar com nossa presença.

Nossa Senhora do Rosário, não desprezeis as minhas súplicas. Alcançai-me de vosso amado Filho a graça de que tanto necessito... [fazer o pedido].

Pai-nosso.

Ave-Maria (dez vezes).

Glória-ao-Pai.

Salve-Rainha.

Nossa Senhora do Rosário, intercedei por nós.

Oração a Nossa Senhora do Rosário

Nossa Senhora do Rosário, dai a todos os cristãos a graça de compreender a grandiosidade da devoção do santo rosário, na qual a recitação da Ave-Maria se junta à profunda meditação dos santos mistérios da vida, morte e ressurreição de Jesus, vosso Filho e nosso Redentor.

Acompanhai-nos, ó Maria, na recitação do terço, para que, por meio desta devoção, cheguemos ao mistério amoroso de Jesus. Nossa Senhora do Rosário, levai-nos à vitória em todas as lutas da vida, por vosso Filho, Jesus Cristo, na unidade do Espírito Santo. Amém.

Nossa Senhora do Rosário, rogai por nós!

Ladainha de Nossa Senhora do Rosário

Senhor, tende piedade de nós.
Jesus Cristo, tende piedade de nós.
Senhor, tende piedade de nós.

Jesus Cristo, ouvi-nos.
Jesus Cristo, atendei-nos.

Pai Celeste, que sois Deus, tende piedade de nós.
Deus Filho, redentor do mundo, tende piedade de nós.
Deus Espírito Santo, tende piedade de nós.
Santíssima Trindade, que sois um só Deus, tende piedade de nós.

Santa Maria, rogai por nós.
Nossa Senhora do Rosário, rogai por nós.
Nossa Senhora do Rosário, mãe de Deus, rogai por nós.
Nossa Senhora do Rosário, mãe de Jesus Cristo, rogai por nós.

Nossa Senhora do Rosário, mãe da divina graça, rogai por nós.

Nossa Senhora do Rosário, mãe santíssima, rogai por nós.

Nossa Senhora do Rosário, mãe da misericórdia, rogai por nós.

Nossa Senhora do Rosário, mãe nossa, rogai por nós.

Nossa Senhora do Rosário, mãe da Igreja, rogai por nós.

Nossa Senhora do Rosário, mãe querida, rogai por nós.

Nossa Senhora do Rosário, mãe da vida, rogai por nós.

Nossa Senhora do Rosário, rainha do Santo Rosário, rogai por nós.

Nossa Senhora do Rosário, rainha da paz, rogai por nós.

Nossa Senhora do Rosário, rainha dos apóstolos, rogai por nós.

Nossa Senhora do Rosário, auxiliadora nos momentos de aflição, rogai por nós.

Nossa Senhora do Rosário, mãe da esperança, rogai por nós.

Nossa Senhora do Rosário, rainha do Céu, rogai por nós.

Nossa Senhora do Rosário, mãe amada, rogai por nós.

Nossa Senhora do Rosário, mãe compassiva, rogai por nós.

Nossa Senhora do Rosário, protetora nossa nas batalhas diárias, rogai por nós.
Cordeiro de Deus, que tirais o pecado do mundo, perdoai-nos, Senhor.
Cordeiro de Deus, que tirais o pecado do mundo, ouvi-nos, Senhor.
Cordeiro de Deus, que tirais o pecado do mundo, tende piedade de nós.

Jesus Cristo, ouvi-nos.
Jesus Cristo, atendei-nos.

Rogai por nós, Nossa Senhora do Rosário,
Para que sejamos dignos das promessas de Cristo.

Rezando o terço

1) Sinal da cruz.

2) Oferecimento
Divino Jesus, nós vos oferecemos este terço que vamos rezar, contemplando os mistérios da nossa redenção. Concedei-nos, por intercessão de Maria, vossa mãe santíssima, a quem nos dirigimos, as virtudes que nos são necessárias para rezá-lo bem e a graça de ganharmos as indulgências desta santa devoção! Oferecemos particularmente em desagravo dos pecados cometidos contra o Santíssimo Coração de Jesus e o Imaculado Coração de Maria, pela paz do mundo, pela conversão dos pecados, pelas almas do purgatório, pelas intenções do papa, pelo aumento e santificação do clero, pelo nosso vigário, pela santificação das famílias, pelas missões, pelos doentes, pelos agonizantes, por

aqueles que pediram nossas orações, por nossas intenções particulares...

3) Credo [segurando a cruz do terço].

4) Pai-nosso; Ave-Maria (três vezes), em honra da Santíssima Trindade; Glória-ao-Pai.

5) Jaculatória: Ó meu Deus, perdoai-nos e livrai-nos do fogo do inferno, levai as almas todas para o céu e socorrei principalmente aquelas que mais precisarem de vossa misericórdia.

6) Mistério a ser contemplado.

7) Pai-nosso; Ave-Maria (dez vezes); Glória-ao-Pai.

8) Repetir a jaculatória.

9) Agradecimento ao final das cinco dezenas
Infinitas graças vos damos, soberana rainha, pelos benefícios que todos os dias recebe-

mos de vossas mãos liberais. Dignai-vos, agora e para sempre, a nos tomar debaixo de vosso poderoso amparo, e, para mais vos abrigar, vos saldamos com uma Salve-Rainha.

10) Salve-Rainha
Salve Rainha, Mãe de Misericórdia, vida, doçura e esperança nossa, salve!

A vós bradamos, os degredados filhos de Eva. A vós suspiramos, gemendo e chorando neste vale de lágrimas. Eia, pois, advogada nossa, esses vossos olhos misericordiosos a nós volvei. E, depois deste desterro, mostrai-nos Jesus, bendito fruto do vosso ventre, ó clemente, ó piedosa, ó doce e sempre Virgem Maria.

Rogai por nós, Santa Mãe de Deus.

Para que sejamos dignos das promessas de Cristo.

Mistérios do terço
Mistérios gozosos [Segundas-feiras e sábados]
1) A anunciação do Arcanjo São Gabriel à Virgem Maria.

2) A visita de Maria à sua prima Isabel.
3) Nascimento de Jesus na gruta de Belém.
4) Apresentação de Jesus no templo.
5) Perda e encontro do Menino Jesus no templo.

Mistérios dolorosos [Terças-feiras e sextas-feiras]
1) Agonia de Jesus no Jardim das Oliveiras.
2) Flagelação de Jesus Cristo atado à coluna por ordem de Pilatos.
3) Jesus é coroado de espinhos.
4) Jesus carrega a cruz até o Monte Calvário.
5) Crucificação e morte de Jesus.

Mistérios gloriosos [Quartas-feiras e domingos]
1) A ressurreição de Jesus Cristo, Nosso Senhor.
2) Ascensão de Jesus Cristo ao céu.
3) Vinda do Espírito Santo sobre Nossa Senhora e os apóstolos.
4) Assunção de Nossa Senhora ao céu.

5) Coroação de Nossa Senhora como rainha do céu e da terra.

Mistérios luminosos [Quintas-feiras]
1) Batismo de Jesus por João Batista no Rio Jordão.
2) Jesus nas Bodas de Caná.
3) O anúncio do Reino e o convite à conversão.
4) A transfiguração de Cristo.
5) A instituição da Eucaristia.